一つ星フレンチ「アムール」が教える

ふだん着フレンチ

「アムール」エグゼクティブシェフ

後藤祐輔
Yusuke GOTO

SHUFUNOTOMOSHA

YUSUKE GOTO

ごあいさつ

二度の渡仏、数々の星つきレストランでの修業、
西麻布にアムールを構え、今は恵比寿に。
日本のみならず世界中のお客さまに愛していただけるお店を目指して、
これまでわき目も振らず進んできました。

「『アムール』、エグゼクティブシェフ」

今でこそその肩書きにふさわしいお料理と感動を提供できるよう日々精進していますが、
すべてのはじまりは少年時代に凝っていたチャーハン作りにあります。

同じくフレンチの料理人である父親の影響で、幼いころからフランス料理の本や
珍しい食材があり、フランスという国と料理が身近な存在でした。
だから僕自身も自然とその道に……といいたいところですが、
小学校から高校まではサッカー一筋のスポーツ少年。

毎日練習終わりはお腹をすかせて帰宅し、
共働きの両親を待てず作っていたのがチャーハンでした。
はじめはただお腹を満たせればいいだけのはずだったものが、
どうしたらおいしくなるのか日々研究してしまう。
だから高校を卒業してからの進路を決める際、
美容師、建築士と迷った結果、料理人の道を志しました。

今回はそんなさまざまな経験を経て得た知識、技を生かし、
皆さんがおうちで手軽にできるフレンチをご提案したく思います。

その名も「ふだん着フレンチ」。

メニューの中には僕が長く滞在した南仏でのエピソードや
現地で学んだレシピもあります。
ぜひこの本を読み、料理をしながら、
フランスの風もともに感じていただけるとうれしいです。

「アムール」エグゼクティブシェフ　後藤祐輔

Contents

グリーンなサラダ

春が旬の、緑色の野菜を中心に構成しました。
食材本来の甘みややわらかさ、香りを楽しんでいただきたく
味つけはシンプルにめんつゆとマヨネーズ。
たったこれだけなのに？と
ぜひ感動してほしい一品です。

材料 — 2人分	作り方
アボカド…1個 グリーンアスパラガス…2本 そら豆…2本 グリーンピース（正）…20g きゃえんどう…2本 さやいんげん…2本 A 　マヨネーズ、めんつゆ（ストレート） 　…各大さじ1 グリーンオリーブ（種なし）の （し薄切り）…2個分 ピスタチオ…少々 オリーブオイル…適宜	❶ 野菜の下ゆでをする アスパラは根元のかたい部分を切り落とし、茎の表皮をピーラーでむく。そら豆はさやからとり出して薄皮をむき、さやいんげんは筋をとり除く。鍋に湯を沸かし、アスパラと豆類を入れ色が鮮やかになるまでゆでる。冷水にとって冷まし、水けをよく。 ❷ 野菜の下ごしらえをする きゃえんどうは半分に切り、さやいんげんは2cm幅に斜め切りにする。アスパラは2cm長さに切って、縦半分に切る。 ❸ 味つけをする アボカドは種をとり除き、一口大に切ってボウルに入れる。Aを加え、フォークなどでなめらかになるまでつぶしながらしっかりまぜる。 ❹ 盛りつける 器に盛り、アスパラと豆類をのせる。ピスタチオをあらめに砕き、オリーブとともに散らす。オリーブオイルを回しかける。

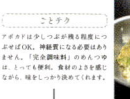 

ことテク
アボカドは少しつぶが残る程度につぶせばOK。神経質になる必要はありません。「完全調味料」のめんつゆは、とっても便利。食材の立さが際立ながら、味をしっかり決めてくれます。

本書の使い方

- ● フライパンは原則としてフッ素樹脂加工のものを使用しています。

- ● 小さじ1は5mL、大さじ1は15mLです。

- ● 火かげんは、特に指定がないかぎり、中火で調理しています。

- ● 野菜類は、特に指定がない場合は、洗う、皮をむくなどの
  作業をすませてからの手順を説明しています。

- ● 調味料は、特に指定がない場合は、しょうゆは濃口しょうゆ、
  砂糖は上白糖、小麦粉は薄力粉を使用しています。

- ● だしは、昆布、かつお節、煮干しなどでとった和風だしのことをさします。
  市販品を使う場合は、パッケージの表示に従い、味をみてかげんしてください。

- ● ブイヨンは、固形スープのもとを水1と1/2カップにとかしたものをさします。

- ● 固形スープ、顆粒スープはコンソメなど洋風スープのもとを使用しています。

- ● バターは特に指定がないかぎり無塩のものを使用しています。

- ● 電子レンジの加熱時間は600Wで使用した場合の目安です。
  500Wの場合は加熱時間を約1.2倍にしてください。

- ● 電子レンジやオーブントースターは機種によって
  加熱時間に多少差がありますので、様子をみてかげんしてください。

シェフの「ワザ」を知れる

プロの技が一目瞭然！
写真つきで、おいしくなるポイント、
きれいに仕上げるコツが
すぐにわかります。

前菜

Entrée

本書は読み進めるとコース仕立てになっていますので、
まずは冷たい＆温かい前菜、スープから。

フレンチらしく、食材のよさを生かしながら
和の要素も織り交ぜつつ
バラエティに富んだラインナップでお届けします。

塩、こしょう、オイルなど
シンプルな調味の中で引き立てられる
野菜の甘み、香り、肉や魚のうまみ。
ナッツやチーズ、ハーブとのマリアージュ。

この章ではそんなフレンチにおける前菜ならではの
食材どうしの組み合わせを楽しんでください。

グリーンなサラダ

春が旬の、緑色の野菜を中心に構成しました。
食材本来の甘みややわらかさ、香りを楽しんでいただきたく
味つけはシンプルにめんつゆとマヨネーズ。
たったこれだけなのに？と
ぜひ感動してほしい一品です。

材料 − 2人分

アボカド…1個
グリーンアスパラガス…2本
そら豆…2本
グリーンピース（豆）…20g
さやえんどう…2本
さやいんげん…2本

A

　マヨネーズ、めんつゆ（ストレート）
　　…各大さじ1

グリーンオリーブ（種なし）の
　くし形切り…2個分
ピスタチオ…少々
オリーブオイル…適宜

作り方

❶ 野菜の下ゆでをする

アスパラは根元のかたい部分を切り落とし、茎の表面をピーラーでむく。そら豆はさやからとり出して薄皮をむき、さやいんげんは筋をとり除く。鍋に湯を沸かし、アスパラと豆類を入れ色が鮮やかになるまでゆでる。冷水にとって冷まし、水けをふく。

❷ 野菜の下ごしらえをする

さやえんどうは半分に切り、さやいんげんは2cm幅に斜め切りにする。アスパラは2cm長さに切って、縦半分にする。

❸ 味つけをする

アボカドは種をとり除き、一口大に切ってボウルに入れる。Aを加え、フォークなどでなめらかになるまでつぶしながらしっかりまぜる。

❹ 盛りつける

器に盛り、アスパラと豆類をのせる。ピスタチオをあらめに砕き、オリーブとともに散らす。オリーブオイルを回しかける。

ごとテク

アボカドは少しつぶが残る程度につぶせばOK。神経質になる必要はありません。「完全調味料」のめんつゆは、とっても便利。食材のよさを感じながら、味をしっかり決めてくれます。

かぶと帆立、ゆずのスライスサラダ

帆立の甘み、さわやかなゆずのジュースと
ゼストとのコントラストが味わえるサラダ。
可能な限り薄く切り、氷水でしめた
野菜たちで食感のメリハリを出しました。
五感を研ぎ澄まし、
楽しんでいただきたいです！

材料 － 2人分

帆立貝柱（刺し身用）…4個	きゅうり…1/2本
塩…適量	青ゆず…1個
かぶ…2個	オリーブオイル…適量

作り方

❶ 下ごしらえをする

帆立は厚みを半分にし、塩をかるく振る。かぶは茎を3〜4cmほど残し、葉を切り落として皮をむく。きゅうりとかぶそれぞれをスライサーで薄くし、氷水にさらす。

❷ マリネする

ボウルに帆立を入れる。きゅうりとかぶは水けをきってキッチンペーパーでふき、ボウルに加える。ゆずをしぼり、塩を加えてまぜ、オリーブオイルをかけてあえる。

❸ 盛りつけ、ゆずのゼストを振る

器にふんわりと立体的に盛る。ゆずの皮を削って散らす。

［ ごとテク ］

氷水にさらすと、パリッと歯ごたえよく仕上がります。水けをしっかりふきとり、ゆずの果汁を全体にまとわせるようにしてください。

かぼちゃのムース
トマトジュレを添えて

みりんを加えてかぼちゃ本来の甘みを引き出したムースと、
あえてあらめに刻んだトマトの果肉と酸味が味わえるジュレ。
一つの器で二つの食感が楽しめる前菜です。

材料 − 作りやすい分量

かぼちゃのムース

- かぼちゃ…300g（正味）
- みりん…大さじ2
- 塩…適量
- 生クリーム（乳脂肪分42%）…150g

トマトジュレ

- トマトのあらいみじん切り…120g
- 粉ゼラチン…2g

オリーブオイル…少々

作り方

❶ かぼちゃを加熱する

かぼちゃは薄切りにし耐熱容器に入れる。みりんと塩を加えて、ラップをふんわりとかけ電子レンジ（500W）で6分加熱する。熱いうちにフォークであらくつぶし、ボウルに入れて冷ます。

❷ ムースを作る

別のボウルに生クリームを入れ、泡立て器でまぜる。七分立てにしたら❶に入れ、ふわっとまぜる。冷蔵室で冷ます。

❸ ジュレを作る

トマトを小鍋に入れ、弱火で温める。ひと煮立ちしたらゼラチンを加えてまぜ、耐熱ボウルに移す。あら熱がとれたら冷蔵室で固まるまで冷やす。

❹ 仕上げる

器にムースをのせ、❸をフォークでくずしながらのせる。あればセルフィーユをのせ、オリーブオイルをさっとかける。

ごとテク

ジュレはその名のとおり、がちがちに固めないことがポイントです。やわらかなムースとの食感のバランスを楽しんでください。

お豆とお米のサラダ仕立て

フランスのプロヴァンス地方でよく食べられる
「Salade de riz（サラダ・ドゥ・リ）」というお米のサラダを
日本で手に入る食材を使って作りました。
なじみ深いツナとマヨネーズに、アンチョビの塩味をきかせて。
レモンの酸味が相まってさっぱりといただけるひと品です。

ごとテク

冷えたごはんをあえて使う理由は粘りけが比較的少ないフランスの米の食感に近づけるため。冷凍ごはんや前日に炊飯器に残しておいたごはんでもかまいません。

材料 − 2人分

冷やごはん…100g

A
- マヨネーズ…大さじ1
- アンチョビ（フィレ）のみじん切り…2切れ分
- ツナ缶（缶汁をきったもの）…30g
- レモン汁、塩、こしょう…各少々

B
- そら豆、さやいんげん、スナップえんどう…各4本
- 絹さや…4枚
- ラディッシュ…2個
- ブラックオリーブ（種なし）…4個

下準備

- そら豆はさやからとり出し、薄皮をむく。さやいんげん、絹さや、スナップえんどうは筋をとり除く。ラディッシュは葉を切り落とす

- 鍋に湯を沸かし、オリーブ以外の**B**の野菜をすべて入れる。色が鮮やかになるまでゆでたら冷水にとり、冷まして水けをふく

- ラディッシュは茎を1cmほど残し、くし形切りにする。オリーブは輪切りにする。スナップえんどうは豆をとり出し、さやいんげんと絹さやは2cm幅の斜め切りにする

作り方

❶ ごはんの下ごしらえをする

ごはんは流水で洗い、ぬめりをとる。ざるに上げて水けをよくきる。

❷ 仕上げる

ボウルに**A**とごはんを入れてよくまぜる。器に盛り、**B**を散らす。

焼きなす アンチョビ・ジンジャーソースをかけて

暑い時季に恋しくなりますよね、焼きなす。
ソースにアンチョビを加えて洋風に仕上げました。
ヘーゼルナッツは食感と油分を与えてくれるので、
欠かさずトッピングしていただきたいです！

材料 − 作りやすい分量

なす…3個

A
  しょうがのすりおろし…大さじ1
  アンチョビ（フィレ）の
    みじん切り…2切れ分
  オリーブオイル…大さじ2
  水…大さじ1
  塩…少々

ヘーゼルナッツの
  あらいみじん切り…10g
シブレットの小口切り
  （なければあさつき）…少々

作り方

❶ 焼きなすを作る

なすは焼き網にのせて、ときどき返しながら強火で焼く。表面が真っ黒にこげ、やわらかくなったら氷水にとり、皮をむく。キッチンペーパーにとって水けをふき、器に並べる。

❷ 仕上げる

ボウルにAをすべて入れ、よくまぜる。❶にかけ、ヘーゼルナッツとシブレットを散らす。

> ごとテク
>
> あつあつのうちに氷水にとってむきましょう。水に浸しすぎると水っぽくなるので、手早く作業するようにしてください。

チーズ2種のたけのこガレット

フランスの焼き料理では欠かせないガレット。よりかるくいただけるたけのこで。
そのぶんチーズを2種類入れても、ほどよいコクと香ばしさが感じられます。
ぜひ大人のうたげのおともにも。

材料 − 直径20cm×1枚分

たけのこの水煮…250g
クリームチーズ…36g

A
  塩…2g
  ピザ用チーズ…70g
  かたくり粉…大さじ2
  オリーブオイル…大さじ2

オリーブオイル…大さじ1
あらびき黒こしょう…少々

作り方

❶ たけのこを切る

たけのこは細切りにし、ボウルに入れる。

❷ チーズと合わせる

Aを順に加えてよくまぜる。クリームチーズを加えてさっくりまぜる。

❸ 焼く

直径20cmのフライパンにオリーブオイルを引き、❷を広げ入れる。円形にならし、こんがりと焼き色がつくまで焼く。焼き色がついたら返し、同様に焼く。器に盛り、こしょうを振る。

ごとテク

ピザ用チーズで香ばしさとコクを、クリームチーズが全体のクリーミーさを引き出します。

ヤングコーンとアスパラガスの
スパイスハニーソテー

味つけはスパイシーなカレーに、はちみつで甘みとコクを加えました。
しっかり炒めたベーコンのうまみが野菜にからみ、
味わい深いひと皿に仕上げています。
パルミジャーノ・レッジャーノがアクセントに。

材料 – 2人分

厚切りベーコン…40g
ヤングコーン…8本
グリーンアスパラガス…4本
塩…適量
カレー粉、こしょう…各少々
はちみつ…小さじ1
くるみ…10g
オリーブオイル…大さじ2
パルミジャーノ・レッジャーノ…少々

下準備

● アスパラは根元のかたい部分を切り落とし、下1/3をピーラーでむく。食べやすい大きさに切る
● ベーコンは5mm幅の細切りにする
● くるみはあらく砕く

作り方

❶ ベーコンと野菜を炒める

フライパンにオリーブオイルを引き、ベーコンを入れてこんがりとするまで炒める。ヤングコーン、アスパラガスを順に加えて塩を振り、かるく色づくまで炒める。

❷ スパイスを加え、仕上げる

カレー粉、はちみつ、くるみを加え、さっとまぜる。塩、こしょうで味をととのえる。器に盛ってパルミジャーノ・レッジャーノを散らす。

ごとテク

ベーコンをしっかり炒めることでうまみが油に行き渡り、全体的に味わい深いひと皿になります。ここはじっくり時間をかけてください。

季節野菜のフラン

フランとはヨーロッパ版茶碗蒸し。
ブイヨンベースの生地に野菜のおいしさが
ぎゅっと詰め込まれた温かな前菜です。
春夏秋冬にそって、好きな季節野菜にかえてかまいません。
旬のものをとり入れて作ってみてください。

材料 － 直径8cmのココット×2個分

なす…1個
ズッキーニ… 1/2本
パプリカ（黄・赤）…各1/4個

A

| とき卵…1個分
| 牛乳…25mL
| 塩…1g

スープ

| 固形スープのもと…1/3個
| 水…1/2カップ

オリーブオイル…大さじ1
ピザ用チーズ…10g

下準備

- オーブンは180度に予熱する
- スープの材料はまぜる

作り方

❶ 野菜と生地の準備をする

Aの材料とスープをボウルに入れてよくまぜる。野菜はそれぞれ皮ごと約2cm角に切る。

❷ ココットに野菜と生地を入れる

フライパンにオリーブオイルを引き、野菜を入れてかるく色づく程度に炒める。ココットに等分に入れて、生地を流し入れ、チーズを振りかける。

❸ 焼く

オーブンに入れ、12分ほど焼く。こんがりとしたらとり出す。

┌ **ごとテク** ┐

野菜はあらかじめ加熱をしておくと、生地に野菜の甘みやうまみがしっかり行き渡りおいしくなります。

小松菜とオリーブの
かろやかキッシュ

ほうれんそうが定番かと思いますが、
今回はうまみが強い小松菜でしまりのある味わいに。
フィリングは小麦粉を使わないことで、ライトなキッシュに仕立てました。
お酒とも気軽に楽しめます。

材料 − 直径20cmの型×1台分

パイシート（20×20cmのもの）…1枚

A

とき卵…2個分
牛乳、生クリーム（乳脂肪分42%）…各100mL
塩…1g

小松菜…2束
厚切りベーコン、ピザ用チーズ…各50g
ブラックオリーブ（種なし）…25g
オリーブオイル…大さじ1

下準備

● ベーコンは5mm幅の細切りにする。小松
菜はざく切りにし、オリーブは半分に切る
● **A**はすべてボウルに入れてまぜる
● オーブンは180度に予熱する

作り方

❶ パイシートの準備をする

パイシートは型に敷く。型からはみ出たものは、
口径にそって包丁でそぐ。

❷ 具を炒める

フライパンにオリーブオイルを引き、ベーコン
を炒める。火が通ったら小松菜を加えてさら
に炒める。しんなりとしたら、バットなどにとり
出してあら熱をとる。

❸ 焼く

❶に❷とオリーブを入れ、**A**を流し込む。チー
ズを全体に散らす。オーブンに入れ、20分ほ
どこんがりとするまで焼く。20分ほど落ちつか
せ、食べやすい大きさに切る。

ごとテク

フィリングは卵、牛乳、生クリームが主
で、粉類が入っていません。食感のか
るさだけでなく、ダマになる心配もな
いので失敗なく作ることができます。

とんがりブロッコリーと小えびのアヒージョ風

ブロッコリーを茎までおいしく食べてほしい、かつ手でつまめるように
とんがらせています。油の量は通常の半分程度ですが、
えびやトマトも加えてボリュームのあるアヒージョ風に。
たっぷりのにんにくとアンチョビの塩けがおいしさを倍にします。

材料 − 作りやすい分量

ブロッコリー…1株
小えび…100g
ミニトマト…6個

A

オリーブオイル…1/2カップ
にんにくの薄切り…3かけ分
赤とうがらし…1本
アンチョビ（フィレ）の
　みじん切り…5g

下準備

● 赤とうがらしはへたを切り落とし、
　種をとりのぞく

作り方

❶ ブロッコリーをゆでる

ブロッコリーは茎を長めに切って小
房に分け、茎の外側のかたい部分
をそぐ。鍋にたっぷりの湯を沸かし、
1％の塩（分量外）を加えてブロッコ
リーを入れ、色が鮮やかになるまで
ゆでてざるに上げる。

❷ 仕上げる

別の鍋に**A**の材料をすべて入れ、
弱火でゆっくりと熱する。香りが立っ
たら❶、えび、トマトを加えてさっと
熱し、油が回ったら塩とこしょう（各
分量外）で味をととのえる。

［ ごとテク ］

茎のかたい部分を残したま
まだと、食感がわるくなる原
因に。ゴリっとした箇所は
包丁を短く持ち、手早くそ
ぎ落とすようにしてください。

27

新玉ねぎの薄切り…2個分（400g）
塩…2g
バター…20g
ブイヨン…1/2カップ
牛乳…1カップ
クリームチーズ…18g

作り方

❶ 玉ねぎをいためる

鍋にバターを弱火で熱し、玉ねぎ、塩を入れる。玉ねぎの色が変わらないよう、木べらなどでゆっくり炒める。

❷ 仕上げる

水分がなくなったら残りの材料を加えて、ひと煮立ちさせる。ミキサーに移してなめらかになるまでかくはんする。器に盛ってオリーブオイル適宜（分量外）をたらし、あればピンクペッパーを散らす。

新玉ねぎの
クリーミースープ

春に旬を迎える新玉ねぎ。サラダやグリルでもよいですが、ぜひバターでじんわり炒めてスープに。
クリームチーズを加えて濃厚な味わいにしました。
冷やしてもおいしく食べられます！

┌─ **ごとテク** ─┐

バターは焦がしてしまうと苦みにつながります。弱火で優しく火を入れ、玉ねぎの甘みを引き出してあげてください。

いちごとトマトと梅干しのさっぱり冷製スープ

同じ色の野菜や果物は相性がいいです。
そこで、このレシピは赤の食材を使います。
果実としてのいちごの、野菜としてのトマトの甘みに、
梅干しの酸っぱさがキリッとアクセントに。
冷やしてお召し上がりください。

材料 − 2〜3人分

いちご、トマト…各150g
梅肉（塩分10%のもの）…25g
はちみつ…小さじ1
ミント…適量

作り方

❶ ミキサーにかける

トマトは一口大にきり、いちごはへたを白い部分ごとくりぬくようにとり除く。梅肉はちぎる。はちみつとともにミキサーに入れ、かくはんする。

❷ 仕上げる

目の細かいざるをボウルに重ねて❶を流し入れ、こす。冷蔵室でよく冷やしたらとり出し、器に盛ってミントをのせる。

ごとテク

口当たりをよくするため、トマトもいちごもへた周辺のかたい部分はとり除くようにしましょう。

根菜の
ミネストローネ

留学していた時代、
ホームステイ先のマダムがよく作ってくれたレシピ。
5種類も根菜を使い、それぞれが持つ
土の香りを感じながら味わっていただきたいです。

材料 – 2～3人分

にんじん、さつまいも、
　れんこん、大根、ごぼう…各100g
玉ねぎ…100g
しめじ…50g
塩…5g
トマトペースト…18g
固形スープのもと…2個
水…3カップ
オリーブオイル…大さじ2
あらびき黒こしょう、
　イタリアンパセリのみじん切り
　…各適量

作り方

❶ 野菜ときのこを準備する

玉ねぎと根菜（皮ごと）は約1cm角に切る。
しめじは石づきを落とし、ほぐす。

❷ スープを煮込む

鍋にオリーブオイルを引き❶を入れ、塩
を振って炒める。水分が飛んだら、トマ
トペーストを加えてかるく炒め、固形スー
プのもと、水を入れ15分ほど煮込む。

❸ 仕上げる

塩適宜（分量外）で味をととのえ器に盛る。
イタリアンパセリを散らし、こしょうを振る。

> **ごとテク**
>
> 野菜を炒めていると、水分
> がじわじわ出てきます。こ
> の水けがあるうちは味が入
> らないので、しっかり飛ば
> してください。

鶏ささみ…4本
白菜… 1/4個
ベーコン…50g
ミニトマト…3個
オリーブオイル
　…大さじ1

A
　固形スープのもと…2個
　水…600g

　豆乳…150g
　しょうがのしぼり汁…少々

下準備

● ミニトマトはおしりに浅く切り目を入れる
● ささみはあれば筋をとる
● ベーコンは縦半分にし、横7〜8mm幅に切る

❶ ベーコンを炒め、白菜を焼く

大きめの鍋にオリーブオイルを引きベーコンを入れ、かるく色づくまで炒める。白菜を加え、ときどき返しながら側面に焼き色をつける。

❷ ささみを蒸し煮にする

Aを加えてひと煮立ちさせ、ふつふつとしたらささみを加えて火を止める。ふたをして、10分ほど蒸し煮にする。

❸ 豆乳としょうが汁を入れて温める

豆乳としょうが汁を加え、ふたたび火をつけ沸騰する直前まで温める。器に盛り、好みでオリーブオイルをかける。

鶏ささみと白菜の豆乳スープ

豆乳と少しのしょうが汁で、見た目によらず
さっぱりといただけます。
ベーコンのうまみが要となって大きめの白菜、
ささみ、ミニトマトをごろんごろんと入れ、
食べごたえのあるスープにしています。

ーー ことテク ーー

ささみは余熱でゆっくり火
を通してください。肉がしっ
とり仕上がります！

僕のウィッチ

サンドしないからウィッチ。完全に僕の造語です！（笑）
ポイントは4色展開なこと。同色の食材は味の相性もいいんです。
どれも簡単ですので、アペロやブランチとしてどうぞ。

赤のいちごウィッチ

トマトといちご、酸味と甘みの
バランスがいい。

材料 - 2人分

パン・ド・カンパーニュ（スライスしたもの）…2切れ
クリームチーズ（室温にもどす）…36g
いちご、ミニトマト（それぞれ薄い輪切りにする）…各4個
くるみ（あらく砕く）…5g
ルッコラ、はちみつ、あらびき黒こしょう…各少々

作り方

❶ パン2枚はオーブントースターでこんがりするまで焼く。

❷ クリームチーズを塗り、いちごとトマトをのせる。くるみ、ルッコラをのせてはちみつとこしょうをかける。

緑のアボカドウィッチ

濃厚なアボカドにアンチョビーと
オリーブの塩けがアクセント。

材料 - 2人分

パン・ド・カンパーニュ（スライスしたもの）…2切れ
アボカド（皮と種はとり除く）…1個
マヨネーズ…大さじ1
アンチョビー（フィレ）のみじん切り…2切れ分
グリーンオリーブ（種なし）のくし形切り…2個分
ピスタチオ、パクチー、あらびき黒こしょう、
　　オリーブオイル…各少々

作り方

❶ パン2枚はオーブントースターでこんがりするまで焼く。

❷ ボウルにアボカドとマヨネーズを入れ、フォークでつぶしながらまぜる。❶に塗ってオリーブ、ピスタチオをのせる。パクチーを添え、こしょうを振って、オリーブオイルをかける。

イエローの卵ウィッチ

バター香るふわふわの卵を
たっぷりのせて。

材料 - 2人分

パン・ド・カンパーニュ（スライスしたもの）…2切れ
とき卵…2個分
牛乳…大さじ1
バター、しらす干し…各10g
いぶりがっこのみじん切り…5g
シブレット（なければあさつき）の小口切り…少々

作り方

❶ パン2枚はオーブントースターでこんがりするまで焼く。

❷ ボウルに卵と牛乳を入れてまぜ、小鍋に入れて弱火でゆっくりと好みのかたさになるまで加熱する。バター、塩（分量外）を加えて味をととのえる。

❸ ❶に❷をのせ、しらす、いぶりがっこをのせてシブレットを散らす。

白のラディッシュ
ウィッチ

バターをいただく定番おつまみ
「ラディ・オ・ブール」のオマージュ。

材料 - 2人分

パン・ド・カンパーニュ（スライスしたもの）…2切れ
バター（加塩・室温にもどす）…10g
ラディッシュの薄切り…4個分
アーモンドスライス…少々
セルフィーユ…少々

作り方

❶ パン2枚はオーブントースターでこんがりするまで焼く。

❷ バターを塗り、ラディッシュを敷き詰めアーモンドをさし込む。セルフィーユをのせる。

メイン

Plát

フレンチシェフの技の見せ所満載です。

「これだけは絶対」という箇所を押さえれば、

特売の肉や魚を使っても

劇的においしい仕上がりを実現できます。

その鍵は下ごしらえと焼き方にあり。

塩を振って水を出し、

人の肌と同じようにしっかり保湿することでしっとりやわらか。

むやみにさわらず火を通すことで、

肉汁や魚の脂、うまみを閉じ込めます。

ちょっとした手間と時間をかけてあげるだけで、

ポワレ、煮込み、どれをとっても上手にできます。

チキンステーキ
オニオンバターソースがけ

皮はパリッと、中はふっくらジューシー！　理想のチキンステーキを紹介します。
ぎゅうぎゅう入れて押しつけるのはご法度で、
動かさず「肉汁を閉じ込める」ことが大切。
これまでのチキンステーキとは明らかに違う、極上の仕上がりです。

材料 − 2人分

鶏もも肉…大1枚
玉ねぎのあらいみじん切り…60g
白ワイン…1/2カップ
バター…10g
イタリアンパセリのみじん切り…適量
オリーブオイル…大さじ1

作り方

❶ 鶏肉の下ごしらえをする

鶏肉は室温にもどし1％の塩（分量外）を振ってなじませる。10分ほどおいて水分が出たら、キッチンペーパーで水けをしっかりふきとる。

❷ チキンステーキを作る

フライパンに❶の身を下にしておき、熱する。うっすらと色が変わったら返し、こんがりとするまで皮目を焼く。同様に3回ほど繰り返し、火が通ったら器に盛る。

❸ バターをモンテし、ソースを作る

鍋に玉ねぎと白ワインを入れて熱する。色が透き通ったらバターを加えてとかし、イタリアンパセリを加えてまぜる。❷の器に盛りつける。

ごとテク

押しつけたり、むやみに移動させたりせず見守ることで、肉汁たっぷりのふっくらとしたチキンになります。
身から焼くと皮の収縮も防ぎます。

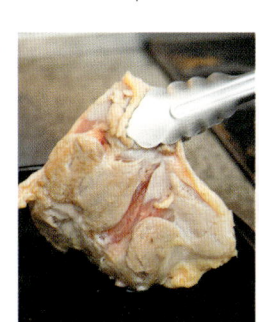

（左）皮目から焼いたもの。
（右）身から焼いたもの。

チキンフリカッセ

チキンのトマト煮込み

チキン
フリカッセ

フリカッセはいかに白く美しく仕上げるかが
重要視されるメニュー。
寒い時季に恋しくなる、こうしたバターとクリームを
たっぷり使う煮込みは
フランスの北部でポピュラーな料理です。
冷える夜長にお楽しみください。

材料 − 2人分

鶏もも肉…1枚	**スープ**
玉ねぎの薄切り…100g	固形スープのもと
マッシュルーム…80g	…1個
しめじ…80g	水…1と1/2カップ
さやいんげん…50g	
ミニトマト…6個	生クリーム(乳脂肪分42%)
にんにくのすりおろし	…100mL
…1かけ分	バター…10g
小麦粉…8g	オリーブオイル
白ワイン…1/2カップ	…大さじ1

下準備

- マッシュルームは厚めに切り、しめじは石づきを切り落としてほぐす。さやいんげんは5cm幅に切って1%の塩(分量外)を入れた湯で下ゆでする。ミニトマトはおしりに十字の切り目を入れる
- 鶏肉は室温にもどして、一口大に切る
- スープの材料は合わせる

作り方

❶ 鶏肉の下ごしらえをする

鶏肉は1%の塩(分量外)を振ってなじませる。10分ほどおいて水分が出たら、キッチンペーパーで水けをしっかりふきとる。

❷ 鶏肉を焼く

鍋にオリーブオイルを引き❶を皮目から入れる。キッチンペーパーでときどき余分な油をふきとりながら、うっすら色づくまで焼く。

❸ 野菜と炒め、白ワインを加える

にんにく、玉ねぎ、きのこを加えてかるく炒め、しんなりとしたら小麦粉を加えてさらに炒める。粉けがなくなったら白ワインを加えてアルコールを飛ばす。

❹ クリームとバターで仕上げる

❸にスープを加え、ふつふつとしたら15分ほど煮る。トマトといんげんを加え、生クリーム、バターの順に加えてひと煮立ちさせる。

ごとテク

油を適度にとりながらフライパンをきれいにし、野菜を投入しましょう。余分な油をとり除くことで、仕上がりがよりきれいなクリーム色に。

材料 — 2人分

鶏もも肉…1枚
にんにくのすりおろし…1かけ分
玉ねぎの薄切り、しめじ…各80g
ブロッコリー…60g
小麦粉…5g
日本酒（なければ料理酒）…1/2カップ

A
　カットトマト缶…300g
　固形スープのもと…1個
　水…1/2カップ
　しょうゆ…小さじ1

バター…15g
オリーブオイル…大さじ1

下準備

● しめじは石づきを切り落としてほぐす。
　ブロッコリーは小房に分け、1%の塩（分
　量外）を入れた湯で下ゆでする
● 鶏肉は室温にもどして、一口大に切る

作り方

❶ 鶏肉の下ごしらえをする

鶏肉は1%の塩（分量外）を振ってなじませる。
10分ほどおいて水分が出たら、キッチンペー
パーで水けをしっかりふきとる。

❷ 鶏肉を焼く

鍋にオリーブオイルを引き❶を皮目から入
れる。キッチンペーパーでときどき余分な油
をふきとりながら、うっすら色づくまで焼く。

❸ 野菜と炒め、日本酒を加える

玉ねぎとしめじを加えてかるく炒め、しんな
りとしたら小麦粉を加えてさらに炒める。粉
けがなくなったら日本酒を加えてアルコー
ルを飛ばす。

❹ トマト缶などを加え、仕上げる

❸にAを順に加え、ふつふつとしたら15分
ほど煮込む。ブロッコリーを加え、バターを
加えてひと煮立ちさせる。

チキンの
トマト煮込み

洋風に見えて実は、ごはんに合うトマト煮です。
ポイントはしょうゆと日本酒を使うところ。
フレンチに和の要素をとり入れるという
アムールのスタイルに沿った一品です。

> **ごとテク**
>
> トマトの酸味を抑えるのが
> 日本酒。煮込み全体の味
> に角がなくなり、マイルド
> に仕上がります。

スパイシーチキン

2種類のシンプルなスパイスで仕上げる、
確実にお酒が恋しくなるレシピ。
つけておいて焼くだけなので、
日常はもちろん夏のバーベキューにも
おすすめです。

材料 - 2人分

鶏手羽中ハーフ…300g

A
にんにくのすりおろし、
しょうがのすりおろし
…各小さじ2
ガラムマサラ…小さじ2
パプリカパウダー…小さじ1

B
小麦粉、かたくり粉…各大さじ2
オリーブオイル…大さじ1

レモンのくし形切り…2切れ
サラダ油…適量

ごとテク

スパイスはたった2種ですが、長時間つけることで風味が肉に行き渡り奥深い味わいになります。

作り方

❶ 鶏肉の下ごしらえをし、スパイスをもみ込む

鶏肉は1%の塩（分量外）を振ってなじませる。10分ほどおいて水分が出たら、キッチンペーパーで水けをしっかりふきとる。保存袋にAとともに入れよくもみ込み、ひと晩おく。

❷ 粉類・油と合わせる

❶を袋からとり出し、ボウルに入れる。Bを加え、さっくりとまぜる。

❸ 揚げ焼きする

フライパンに多めのサラダ油を入れる。❷を入れてこんがりとするまで揚げ焼きする。器に盛って、レモンを添える。

チキンときのこの
ビネガー煮込み

たっぷりの白ワインビネガーを
使います。じっくり煮込むことで得られる
酸味の先の「甘み」を
感じていただきたい一品です。

材料 − 2人分

鶏手羽元…300g
にんにくのみじん切り…1かけ分
玉ねぎの薄切り、マッシュルーム、
　しめじ、エリンギ…各80g
ミニトマト…8個
小麦粉…8g
白ワイン…1/2カップ
白ワインビネガー…大さじ4

スープ

| 固形スープのもと…1個
| 水…1と1/2カップ

バター…20g
オリーブオイル…大さじ2

下準備

● マッシュルームは薄切りにし、しめ
じは石づきを落としてほぐす。エ
リンギは輪切りにする。ミニトマト
はおしりに十字の切れ目を入れる

● スープの材料は合わせる

作り方

❶ 鶏肉の下ごしらえをする

鶏肉は1%の塩（分量外）を振ってな
じませる。10分ほどおいて水分が出
たら、キッチンペーパーで水けをしっ
かりふきとる。

❷ 鶏肉を焼く

鍋にオリーブオイルを引き❶を皮目
から入れ、こんがりと焼き色がつくま
で両面焼く。にんにく、玉ねぎ、きの
こを入れてかるく炒め、しんなりとし
たら小麦粉を加えてさらに炒める。
粉けがなくなったら白ワインと白ワ
インビネガーを加えて強火にし、アル
コールを飛ばす。

❸ 煮込む

❷にスープを加えふつふつとしたら
トマトを加え、汁が半量になるまで煮
込む。バターを加えて味をととのえ
たら器に盛り、あればイタリアンパセ
リを散らす。

［ ごとテク ］

酢を最後に入れる料理が多
いですが、これはより自然
な酸味を残すために早い
段階で入れます。まるみの
ある味わいに仕上げるコツ
です。

ハーブマリネのポークソテー

ホームステイ先のマダムが作ってくれたレシピのひとつです。
ぺらっとした肉で作る家庭的な仕上がりが理想的。
ハーブの香りをまとったマリネ液をソースにします。

材料 − 2人分

豚ロースとんカツ用肉…2枚（300g）
ズッキーニ（細切りにしたもの）
　…1/2本分
なす、パプリカ（赤）（細切りにしたもの）
　…各1/2個分

A
| エルブ・ド・プロヴァンス…小さじ1
| 白ワイン…1/2カップ
| オリーブオイル…大さじ1

オリーブオイル…大さじ1

作り方

❶ 豚肉の下ごしらえをする

豚肉は1%の塩（分量外）を振ってなじませる。10分ほどおいて水分が出たら、キッチンペーパーで水けをしっかりふきとる。

❷ 豚をマリネする

保存袋に❶と**A**をすべて入れ、口をしばってバットなどにおき冷蔵室に1時間ほどおく。とり出し、キッチンペーパーで水けをふきとる。

❸ 肉と野菜を焼き、ソースを作る

フライパンにオリーブオイルと肉を入れ、両面2分ずつ焼きアルミホイルに包んで5分休ませる。戻し入れて両面1分ずつ焼き、器に盛る。野菜を炒め、こんがりとしたら同様に盛る。

❹ 豚肉をマリネする

小鍋に❷の漬け汁を入れ、1/3量になるまで煮る。❸の器にかける。

＜ ごとテク ＞

エルブ・ド・プロヴァンスはフランスの南部でメジャーなタイム、セージ、フェンネルなどをまぜたミックスハーブ。ワインと油とともにねかせ、豚肉に風味をまとわせます。

ポークスペアリブ バルサミコ風味

味の要であるバルサミコ酢とふんわりきかせたガラムマサラで、
エキゾチックな風味を演出します。
甘みとほどよい酸味、コクのある奥深い味わいです。
ぜひ手づかみで豪快にかぶりついていただきたいです！

材料 − 2〜3人分

ポークスペアリブ…400g

A

　トマトペースト、
　　にんにくのすりおろし、
　　しょうがのすりおろし
　　…各大さじ1
　ガラムマサラ…小さじ1
　白ワイン…1/2カップ
　バルサミコ酢…大さじ4
　水…2/3カップ
　しょうゆ、はちみつ…各大さじ2
　オリーブオイル…大さじ1

作り方

❶ スペアリブの下ごしらえをする

スペアリブはフォークで穴をあけ、1%の塩（分量外）を振る。10分ほどおいて水分が出たら、キッチンペーパーで水けをしっかりふきとる。

❷ 豚肉を焼いて仕上げる

フライパンにオリーブオイルと、❶を入れしっかり焼き色がつくまで両面を焼く。Aを順に加えて熱し、とろみがつくまで肉と煮からめる。器に盛り、好みでパクチーを散らす。

［ ごとテク ］

とろみをしっかりつけながら、肉にからめてうまみをソースに移します。

豚肉ときのこの
プルーン煮

本来は2〜3時間必要な煮込みを
プルーンの力で手軽に。
フランス料理では果実本来の甘みや
うまみをぎゅっと濃縮させた
ドライフルーツを、
甘みやコクを出すため
肉料理に使うことが多いんです。
ぜひ赤ワインと合わせて
楽しんでください。

材料 − 2人分

豚肩ロース…250g
にんにくのすりおろし…1かけ分
玉ねぎ…1/4個
しめじ、エリンギ…各1/4パック
マッシュルーム…4個

A
　トマトペースト…大さじ1
　小麦粉…小さじ1

B
　バルサミコ酢…大さじ1
　赤ワイン、ブイヨン
　　…各1/2カップ
　はちみつ、しょうゆ…各大さじ1/2

C
　プルーン…6個
　バター…15g

オリーブオイル…大さじ1

下準備

● 玉ねぎは7〜8mm幅のくし形切りに
　する。しめじは石づきを切り落とし
　て、ほぐす。エリンギは横半分に
　し、さらに縦半分にする。マッシュ
　ルームは厚めに切る

作り方

❶ 豚肉の下ごしらえをする

豚肉は1%の塩（分量外）を振ってな
じませる。10分ほどおいて水分が出
たら、キッチンペーパーで水けをしっ
かりふきとる。

❷ 肉を焼き、野菜ときのこを炒める

鍋にオリーブオイルを引き、❶を入れ
しっかり焼き色がつくまで焼く。にん
にくを加え、香りが立ったら玉ねぎと
きのこを加えてかるく炒める。**A**を加
え、粉けがなくなるまで炒める。

❸ 煮込む

❷に**B**を順に加えてまぜ、ふつふつ
としたら15分ほど煮込む。**C**を加え
て全体にまぜ、プルーンを温める。

ごとテク

プルーンが煮汁全体のコク
や自然な甘みを引き出し、
同時に豚肉をやわらかく仕
上げます。

ポークフリット
トロピカルソースがけ

洋風酢豚といえる豚肉レシピです。
カリッと二度揚げしたフリットに、マンゴーとパインのチャンク、
クリームチーズのマリアージュが斬新なひと品。
キリッと冷やした白ワインとの相性も抜群です。

材料 − 2人分

豚肩ロースかたまり肉…200g
かたくり粉…大さじ2

A
　クリームチーズ…36g
　市販のマンゴージャム…100g
　パイナップル（缶詰）…60g
　しょうゆ…小さじ1/2
　あらびき黒こしょう…適量

サラダ油…適量

下準備

● クリームチーズは室温にもどす
● パイナップルは缶汁をきって、あらく刻む

作り方

❶ 豚肉の下ごしらえをする

豚肉は一口大に切って、1％の塩（分量外）を振る。10分ほどおいて水分が出たら、キッチンペーパーで水けをしっかりふきとり、かたくり粉をまぶす。

❷ 二度揚げする

フライパンに油を180度に熱して❶を入れ、かるく色づいたら油をきって一度バットなどに上げる。ふたたび戻し入れてこんがりとするまで揚げ、油をきる。

❸ ソースを作り、合わせる

ボウルに**A**を順に入れ、全体にしっかりまぜる。温かいうちに❷を入れてよくあえる。あればセルフィーユをのせる。

ごとテク

隠し味のしょうゆによる塩けで、フルーツの甘さをより感じやすくしてくれます。

豚とチーズのカツレツ
ラヴィゴットソース

ラヴィゴットはフランス語で「元気づける」の意味。
チーズとハムを薄切り肉ではさんだカツレツに、
さわやかなラヴィゴットソースをかけて文字通りスタミナ抜群な仕上がりに。
和洋それぞれのわんぱくアイテムを融合させたひと品です。

材料 – 2人分

豚ロース薄切り肉…4枚 (60g)
スライスチーズ (とろけるタイプ)、
　　ロースハム…各2枚

衣

| 小麦粉、とき卵、パン粉…各適量

A

| 玉ねぎのあらいみじん切り、
| ミニトマトのあらいみじん切り、
| ケッパー、ピクルス (あればコルニッション) の
| 　あらいみじん切り…各20g

白ワインビネガー…大さじ1/2
オリーブオイル…大さじ2
サラダ油…適量

作り方

❶ 豚肉にチーズとハムをはさむ

チーズとハムはそれぞれ半分にする。豚肉は厚みが半分以下になるまでたたく。ラップを敷いて豚肉1枚をおき、ハムとチーズ2切れを交互に重ねる。豚肉をもう1枚のせてなじませる。残りも同様にする。

❷ 揚げる

バットに小麦粉、卵、パン粉をそれぞれ入れ、順に衣をつける。鍋に油を180度に熱してたねを入れ、カリッとするまで揚げ、油をきる。

❸ ラヴィゴットソースを作る

ボウルにAを入れ、白ワインビネガー、オリーブオイルを加えてしっかりまぜる。❷を器に盛って、ソースをかける。

ごとテク

火通りをよくするため、豚肉はぺたんこに。切ったチーズとハムがはみ出ないようにしっかり豚肉をなじませて閉じてください。

牛ステーキ
マスタードソース添え

フレンチシェフとしての真骨頂、ステーキ肉のおいしい
焼き方を伝授します。ポイントは「肉を保湿しながら」焼くこと。
いいお肉はもちろん、どんなお肉でも
この方法ならしっとりやわらかに焼けます。

材料 − 2人分

牛ステーキ用肉…300g
さやいんげん…10本
ブイヨン…大さじ3
白ワイン…大さじ2
砂糖…小さじ1/2
粒マスタード…大さじ1
オリーブオイル…大さじ1

下準備

● さやいんげんは両端を切り落とし、1%の塩（分量外）を入れた湯で下ゆでする

作り方

❶ 牛肉の下ごしらえをする

牛肉は1%の塩（分量外）を振る。10分ほどおいて水分が出たら、キッチンペーパーで水けをしっかりふく。

❷ 肉といんげんを焼く

フライパンにオリーブオイルを引き、牛肉を入れて火にかけ両面2分ずつ焼く。アルミホイルにとり出して包み、5分ほど休ませる。同様に3回繰り返し、器に盛る。ふたたびフライパンを熱していんげんを入れ、しんなりとするまで炒め器に盛る。

❸ ソースを作り、仕上げる

同じフライパンに白ワインとブイヨンを入れ、汁けが1/3量になるまで煮る。火を止めて砂糖、粒マスタードを加えてまぜ仕上げる。❷の器の肉にかける。

ごとテク

これまでもやっていますが、人の肌と一緒で肉も保湿が大切です。塩を振って水分を出し、生肉をしっとりさせてから焼きましょう。

僕のビーフシチュー

牛の赤ワイン煮に、八丁みそを加えてビーフシチューに。
数十分で作ったとは思えないほどの、
コクと奥行きのある味わいに驚いていただけるはずです。
仕上げの生クリームは、かの有名なアーティスト、
ジャクソン・ポロックを意識して。

材料 − 2〜3人分

牛肩ロースかたまり肉…300g
玉ねぎ…80g
マッシュルーム…6個
ブロッコリー…60g
プチトマト…6個

A
　小麦粉…8g
　八丁みそ、トマトペースト、
　　ウスターソース…各大さじ1
　赤ワインビネガー…大さじ1/2

B
　赤ワイン、野菜ジュース、
　　フォン・ド・ボー…各80mL

バター…15g
オリーブオイル…大さじ1

下準備

● 玉ねぎは7〜8mm幅のくし形切りにする。マッシュルームは半分に切る。ブロッコリーは小房に分けて、1%の塩（分量外）を入れた湯で下ゆでする。ミニトマトはおしりに十字の切れ目を入れる

作り方

❶ 牛肉の下ごしらえをする

牛肉は一口大に切って1%の塩（分量外）を振る。10分ほどおいて水分が出たら、キッチンペーパーで水けをしっかりふく。鍋にオリーブオイルを引いて肉を入れ、しっかり焼き色がつくまで焼く。

❷ 野菜を炒めて、煮る

玉ねぎとマッシュルームを加えてかるく炒め、Aを加えてさらに炒める。全体にまざったらBを加え、ふつふつとしたら30分ほど煮込む。さらに5分ほど煮たらバターを加えてまぜ、ブロッコリーとトマトを加えてひとまぜして器に盛る。好みで生クリームをかける。

> ### ごとテク
>
> 本来長時間煮込まなければならないのですが、八丁みそを加えることで短時間でコクと深みを引き出します。

新ピーマンの
肉詰め

フランスでは「ファルシ」という野菜に詰め物をして焼く料理が定番。
ひき肉を使うことが多いですが、僕の肉詰めはこまぎれ肉でよりボリュームと肉肉しさを出します。
ピーマンを輪切りにして焼くことで焼きむらもない仕上がりに。

材料 − 2人分

ピーマン…5個
豚こまぎれ肉…200g

A
　かたくり粉…大さじ1
　マヨネーズ、ウスターソース
　　…各大さじ1
　塩、こしょう…各少々

B
　トマトケチャップ、ウスターソース
　　…各大さじ2
　水…大さじ5

オリーブオイル…大さじ1

作り方

❶ ピーマンの下ごしらえをする

ピーマンはへたと種をとり除き、内側に
かたくり粉適量（分量外）をまぶす。

❷ 豚肉の下ごしらえをする

豚肉は大きければ切ってボウルに入れ、
Aを加えてあえる。ピーマンに等分に
詰め、横半分に切る。

❸ 焼いて仕上げる

フライパンにオリーブオイルを引き、❷
を入れこんがりとするまで両面を焼く。
Bを加え全体にからめてふたをし、4〜
5分弱めの中火で蒸し焼きする。

ごとテク

マヨネーズは油分とコクを
出すのにひと役。肉をより
ジューシーにしてくれます。

なすとトマトの
さっぱり牛すき

海外の方に料理をふるまう際、こうしたしょうゆ、砂糖を使ったレシピは新鮮だそうで好評です。
フレッシュなトマトの酸味がわりしたの甘みにほどよいアクセントになり、
全体にバランスのよい味わいに。なすも加わって夏場にぴったりなひと皿です。

材料 - 2人分

牛すき焼き用肉…4枚
なす…2個
トマト…100g
しょうがのせん切り…15g
長ねぎ…50g
市販のわりした…1と1/2カップ
いり白ごま…少々
オリーブオイル…大さじ1

作り方

❶ 野菜を切る

なすは縦に棒状に切り、トマトは1.5cm
角に切る。ねぎは斜め薄切りにする。

❷ 炒める

鍋にオリーブオイルを引き、なすを入れ
て焼く。焼き色がついたらねぎとしょう
がを加え、さっと炒める。

❸ 仕上げる

わりしたとトマトを加えひと煮立ちさせ
たら、肉を加えてさっと火を通す。器に
盛ってごまを振る。

> ごとテク
>
> 味の要として、トマトをプラ
> ス。すきやきの甘みにほど
> よい酸味を加えることで、
> さっぱりとした味わいを演
> 出します。

フライパン
ローストビーフ

フライパンだからこその、絶品ローストビーフができました。
様子を見ながら、ゆっくり焼くことで
やわらかくしっとりとした食感に仕上がります。
特別な日のメインディッシュとして楽しんでください。

材料 – 作りやすい分量

牛ももかたまり肉…300g
じゃがいも…150g
ローズマリー…2本
バター…20g
オリーブオイル、あら塩、あらびき黒こしょう
　…各適宜

下準備

- じゃがいもは皮ごと一口大に切る。耐熱容器に入れて水大さじ1を回しかけ、ふんわりとラップをかける。電子レンジで6分加熱する

作り方

❶ 牛肉の下ごしらえをする

牛肉は1%の塩（分量外）を振る。10分ほどおいて水分が出たら、キッチンペーパーで水けをしっかりふく。

❷ 肉をローストする

フライパンにオリーブオイルを引き、上下と側面を2分ずつゆっくりと焼く。アルミホイルにとり出して包み、焼いた倍の時間休ませる。同様に3〜4回繰り返す。

❸ じゃがいもをソテーする

別のフライパンにオリーブオイルを熱し、ローズマリーを熱する。香りが立ったらじゃがいもを入れこんがりとするまで炒める。

❹ 仕上げる

肉の表面に弾力が出てきたら、バターを加えてからめる。器に❸とともに盛り、塩とこしょうを振る。

ごとテク

ステーキ同様、保湿してしっかり休ませることが大切。肉の表面を押してはね返ってくる感覚があったらでき上がりのサインです。

カジキのポワレ
オリーブケッパーソース

カジキを豪快に使ったポワレ。
ケッパーとオリーブ、玉ねぎやトマトを合わせた
酸味のあるソースを添えてどうぞ。

材料 − 2人分

カジキ…2枚（約80g）
小麦粉…少々
ズッキーニ…1/2本

A
　トマトのみじん切り…50g
　玉ねぎのみじん切り、
　　ブラックオリーブ（種なし）のみじん切り…各25g
　ケッパー…10g
　オリーブオイル…大さじ2
　白ワインビネガー…大さじ1/2
　砂糖…小さじ1/2

オリーブオイル…大さじ1

下準備

● Aはすべてまぜる
● ズッキーニは輪切りにする

作り方

❶ カジキの下ごしらえをする

カジキに0.8%の塩（分量外）を振る。10分ほどおいて水分が出たら、キッチンペーパーで水けをしっかりふきとり、小麦粉をまぶす。

❷ ソテーする

フライパンにオリーブオイルを引いて❶をおき、1/3ほど火が入ったら上下を返し、さらに焼く。同時にズッキーニを入れ、しんなりとするまで焼く。

❸ 仕上げる

器にカジキとズッキーニをのせ、Aをかける。あればセルフィーユを添える。

［ ごとテク ］
焼きすぎると魚の身がかたくなるので、片面をしっかり焼き、全体の7〜8割ほど火を通す程度でOKです。

白身魚のプロヴァンス風煮込み

北部とは対照的に、フランス南部では
にんにく、トマト、オリーブの実、油、香草をたくさん使った
かろやかなものが好まれます。
白身魚を使うことで、よりさっぱりとしたプロヴァンス風に。

材料 – 2人分

たらの切り身 (好みの白身魚でよい) …2切れ
あさり (砂だしずみのもの) …100g
マッシュルーム…4個
ミニトマト…6個
にんにくの薄切り…1/2かけ分

A
　ブラックオリーブ (種あり) …6個
　ケッパー…5g
　ブイヨン…1/2カップ
　タイム…2枝
　ローリエ…1枚
　ローズマリー…2枝

白ワイン…1/4カップ
オリーブオイル…大さじ3

作り方

❶ 具の下ごしらえをする

たらに0.8%の塩 (分量外) を振り、10分ほど
おいて水分が出たらキッチンペーパーで水け
をしっかりふきとる。ミニトマトは半分にし、マッ
シュルームは厚めに切り、さらに半分にする。

❷ たらを焼く

フライパンにオリーブオイル大さじ1を引き、た
らを入れて焼き、色づいたら一度とり出す。
オリーブオイル大さじ1を足してにんにくとマッ
シュルームを加えていため、あさり、白ワイン
を加え、ふたをし蒸し焼きにする。

❸ スープで煮て仕上げる

あさりの口が開いたら、ミニトマトとAを加え
て煮汁が半量になるまで煮詰める。火を止め、
オリーブオイル大さじ1を加えてまぜる。

> ### ごとテク
>
> ハーブをたっぷり加えて。
> プロヴァンス風とうたうに
> は欠かせません。

帆立と豆のかるい煮込み

初夏に大きさや甘みがピークを迎える帆立。
肉厚な食感を楽しみたいのできっと焼いて、
青々とした旬の野菜たちとともに色鮮やかに。
仕上げのミントが爽やかさを引き立てます。

材料 − 2人分

帆立貝柱（刺し身用）…4個
グリーンピース（豆）…50g
スナップえんどう…40g
そら豆…10個
玉ねぎ…50g
ブイヨン…1カップ
バター…10g
ミントの葉の細切り…少々
オリーブオイル…大さじ2

下準備

● 玉ねぎはくし形切りにする。スナップえんどうはさやから豆をとり出し、そら豆は薄皮をむく

作り方

❶ 帆立を焼く

帆立に0.8％の塩（分量外）を振り、10分ほどおいて水分が出たらキッチンペーパーで水けをしっかりふきとる。フライパンにオリーブオイル大さじ1を引いて帆立てを入れ、強火で両面を1分ほど焼きとり出す。

❷ 玉ねぎと豆を炒める

鍋にオリーブオイル大さじ1を引いて玉ねぎと豆類を入れ、色づかない程度にかるく炒める。

❸ ブイヨンで煮て仕上げる

ブイヨンを加え、汁けが半量になる程度煮詰めたら帆立を入れる。バターを加えてまぜる。器に盛ってミントを散らす。

ごとテク

帆立もしっかり脱水してから焼きます。野菜と一緒に長時間炒めるとかたくなるので、さっと焼いてとり出し最後にブイヨンと合わせましょう。

サーモンの切り身…2切れ
甘酒（無糖のもの）…適量
ししとう…6本
みょうが、しょうが…各20g
青じその葉…5枚

A

> ごま油、しょうゆ、
> バルサミコ酢…各大さじ1
> 砂糖…大さじ 1/2

作り方

❶ サーモンを漬ける

サーモンは0.8％の塩（分量外）を
し、10分ほどおいて水分が出た
らキッチンペーパーで水けをしっ
かりふきとる。保存容器に入れ、
甘酒を加えて冷蔵室で30分ほど
漬ける。

❷ たれを作る

みょうが、しょうが、青じその葉は
それぞれみじん切りにしてボウル
に入れ、**A**と合わせる。

❸ 焼く

フライパンに❶のサーモンをとり
出して余分な漬け汁はぬぐう。し
しとうとともにこんがりとするまで
焼く。器に盛って❷をかける。

┌─ **ごとテク** ─┐

たっぷりの甘酒に浸すこと
で、酵素の力が発揮され
サーモンがしっとりとした食
感になります。

サーモンの甘酒マリネ
しょうがとみょうがのソース

和の要素が強い一品です。
甘酒の麹の力でしっとりと焼き上がったサーモンに、
ごま油香る薬味たっぷりのソースをかけて。
ごはんが恋しくなることうけあいです。

材料 − 2人分

いわし（3枚におろしたもの）…2尾
じゃがいも…1個
ブラックオリーブ（種なし）…5個
ミニトマト…5個
パン・ド・カンパーニュ
　（スライスしたもの）…2切れ

A
| パン粉…20g
| パセリのみじん切り…5g

ディル…2枝
マスタード、バルサミコ酢、
　オリーブオイル…各少々

下準備

- **A**はまぜる。ミニトマトとオリーブは薄切りにする
- じゃがいもは薄切りにする。鍋に湯を沸かし塩適量（分量外）を入れ、さっとゆでる
- カンパーニュはオーブントースターでこんがりとするまで焼く

作り方

❶ いわしの下ごしらえをする

いわしは0.8％の塩（分量外）をし、10分ほどおいて水分が出たらキッチンペーパーで水けをしっかりふきとる。フライパンを熱していわしを入れ、両面をさっと焼く。

❷ パン粉をふって焼く

天板にとり出し、いわしの皮目にマスタードを塗って**A**を等分に振る。オーブントースターに入れてこんがりとするまで3分加熱する。

❸ 仕上げる

器にカンパーニュをおいてじゃがいもをのせ、トマトとオリーブを交互に並べる。❷をかぶせてバルサミコ酢をかけ、ディルをのせる。

いわしのタルティーヌ仕立て

じゃがいも、オリーブ、トマト、アンチョビーにドレッシングをかけて食べるニース風サラダ「サラダ・ニソワーズ」に着想を得たレシピです。アンチョビーの役目はいわしに。

> ### ごとテク
>
> パン粉自体にパセリをあらかじめ入れることで、あとからのせるより香りが豊かになります。

パスタ・ライス

Pâtes·Riz

ここではパスタやライスを紹介します。

フレンチのシェフがパスタ？と思われますよね。
ですが僕のお気に入りで
ぜひとも紹介したいメニューがたくさんあります。
ここは少し目をつぶっていただき、
そのレシピの完成度でご納得ください。

なんならライスはスペインのパエリアも登場しますし、
パスタと言いつつワンタンの皮やそうめんが出てきたりもします。

そのくらい自由で、
肩の力をより一層抜いてできるものばかり。
ぜひ休日のランチや忙しい日に活用してください。

ごろごろ肉のミートソースパスタ

ミートソースにもっと肉っぽさが欲しくて、
パックからダイレクトにどかんととり出し焼いてしまいます。
極め付けはソースに野菜ジュース！
手間を最小限に、ただしミートソースのおいしさを
最大限に引き出した極上の仕上がりです。

材料 − 2人分

スパゲッティ…200g
合いびき肉…200g

A
　野菜ジュース（食塩不使用）…1カップ
　ウスターソース、トマトケチャップ
　　…各大さじ2

日本酒…大さじ4
バター…15g
オリーブオイル…大さじ1

下準備

● A はすべてまぜる

作り方

❶ スパゲッティをゆでる

鍋にたっぷりの湯を沸かし1%の塩（分量外）を入れる。スパゲッティを入れ、袋の表示通りにゆではじめる。

❷ 肉を焼く

フライパンにオリーブオイルを入れ、合いびき肉をかたまりのまま焼く。こんがりとしたら上下を返し同様に焼く。しっかり焼き色がついたら、ざっくりとくずし、日本酒を加えアルコールを飛ばす。

❸ ソースを煮て、仕上げる

❷にAを加え、汁けが半量になるまで煮たらバターを加えてまぜる。スパゲッティの湯をきって器に盛り、ミートソースをかける。あれば粉チーズを振る。

ごとテク

野菜ジュースは「完全調味料」と言っても過言ではありません。野菜のうまみが濃縮されているので、短時間で上手に味が決まります。

僕のたらこスパ

しらすとねぎのペペロンチーノ

僕のたらこスパ

常連のお客さまにお願いされて作りはじめたメニューですが、
じつは某ファミレスで感動した味を僕なりに再現したもの。
たらこのプチプチとした食感をきちんと残し、
合わせるクリームはクリームチーズベースでかろやかに。

材料 − 2人分

スパゲッティ…200g
たらこ…60g
クリームチーズ…36g

A

　牛乳、白だし…各大さじ2
　バター…30g

青じその葉…4枚
もみのり…適量

下準備

- クリームチーズは室温にもどす
- 青じそはみじん切りにする
- たらこはスプーンなどで身をそぐ

作り方

❶ スパゲッティをゆでる

鍋にたっぷりの湯を沸かし1%の塩
（分量外）を入れる。スパゲッティを
入れ、袋の表示通りにゆではじめる。

❷ たらこクリームと
　スパゲッティをあえる

ボウルにクリームチーズ、たらこ、A
を入れる。スパゲッティの湯をよくきっ
て加え、余熱を使ってあえる。器に
盛って青じそ、のりの順に散らす。

┌─ ごとテク ─┐

ポイントはクリームチーズと
白だしです。生クリームの
かわりにクリームチーズで
さっぱりかろやかに、白だ
しで和風味に仕立てます。

しらすとねぎのペペロンチーノ

オイル系でさっぱりといただけるパスタ。
シャキシャキの青ねぎとやわらかなしらすの
食感のコントラストをお楽しみいただけます。
日本酒と白だしを使って和風味に。

材料 − 2人分

スパゲッティ…200g
しめじ、しらす干し…各50g
青ねぎ…40g
にんにくのすりおろし…2かけ分
赤とうがらし…1本

A
| 日本酒、白だし…各大さじ2

オリーブオイル…大さじ4
レモン汁…1/4個分

下準備

- しめじは石づきを切り落とし、ほ
  ぐす。ねぎは斜め薄切りにし、赤
  とうがらしはへたと種をとり除く

作り方

❶ スパゲッティをゆでる

鍋にたっぷりの湯を沸かし1%の塩
（分量外）を入れる。スパゲッティを
入れ、袋の表示通りにゆではじめる。

❷ 具を炒める

フライパンにオリーブオイルを入れ、
にんにくと赤とうがらしを入れて弱
火で熱する。香りが立ったらしめじ
を加えてさっと炒め、**A**を加える。

❸ スパゲッティと炒める

ひと煮立ちさせたらスパゲッティの
湯をきって加え、さっとまぜる。火
を止めしらすとねぎを加えてふたた
びさっとまぜ、器に盛る。レモン汁
を回しかける。

 ごとテク

ねぎとしらすは食感をいか
すために、余熱で火を通す
程度で大丈夫です。

きのこクリームの
ラヴィオリ仕立て

ワンタンの皮をラヴィオリ風に。われながら名案だと思っています！
つるんとした舌ざわりと、きのこクリームのもったり感、ベーコンの香ばしさ。
すべてがベストバランスです。

材料 – 2人分

市販のワンタンの皮…20枚
にんにくのみじん切り…1かけ分
厚切りベーコン…50g
しめじ、マッシュルーム…各40g
白ワイン…1/4カップ

A
　固形スープのもと…1/2個
　クリームチーズ…36g
　牛乳…80mL
　粉チーズ…20g

オリーブオイル…大さじ2
イタリアンパセリのみじん切り…少々

下準備

● しめじは石づきを切り落とし、ほぐす。マッシュルームは薄切りにする
● ベーコンは5mm幅の細切りにする

作り方

❶ にんにくとベーコンを炒める

フライパンにオリーブオイルを入れ、にんにくを弱火で熱する。香りが立ったらベーコンを加えて炒める。

❷ きのこクリームを作る

きのこを加えてさっと炒め、白ワインを加える。ふつふつとしたら**A**を加えてまぜ、温まる程度にかるく煮て火を止める。

❸ ワンタンの皮をゆでて仕上げる

鍋に湯を沸かしてワンタンの皮を入れ、さっとゆでて冷水にとる。水けを切って数枚器にのせ、❷をかける。交互に2〜3回繰り返し、イタリアンパセリを散らす。

ごとテク

日本版ラビオリとして、ワンタンを。鍋で余ったときなどにおすすめです。

アボカドガーリックそうめん

そうめんの食べ方って決まっているなぁと思ったことから、
新しいレシピをと思いできた完全オリジナルメニュー。
個人的にもお気に入りで、アボカドのペーストを作る段階で
もう食べたくなる。やみつきになること必至です。

材料 − 2人分

そうめん…2束
アボカド…1個

A
　めんつゆ（ストレート）…1/2カップ
　レモン汁…小さじ1
　いり白ごま…大さじ1

にんにくの薄切り…1かけ分
ベーコン…100g
ごま油…大さじ1/2
トマトのあらいみじん切り…1/2個分
バジルの細切り…4枚分

下準備

● ベーコンは5mm幅の細切りにする
● Aはすべてボウルに入れてまぜる

作り方

❶ アボカドペーストを作る

アボカドは種をとり除き、ボウルに入れ、フォークの背でつぶす。Aを加えてまぜる。

❷ ベーコンを炒める

フライパンにごま油を入れ、にんにくを熱する。香りが立ったらベーコンを入れ、こんがりとするまで炒める。

❸ そうめんをゆでる

鍋に湯を沸かし、そうめんを入れて袋の表示通りにゆでる。湯をきって冷水にとったらぬめりをとり、❶のボウルに入れてしっかりあえる。器に盛って❷、トマト、バジルを順にのせる。

┌─ ごとテク ─┐

やみつきになるポイントがこのガーリックベーコン。しっかり炒めてごま油ににんにくの香りとベーコンのうまみを移します。

塩さばとレモンのパエリア

スペイン料理のパエリアを塩さばで和風テイストに。
ほぐしたものはごはんと一緒に炊き、一口大に切ったものはトッピングとして使います。
ほかに使う魚介もあさりだけと、至極シンプルながらうまみがすごいメニューです。

材料 − 2〜3人分

米…1カップ
塩さば…200g
あさり（砂だしずみのもの）…100g
玉ねぎのみじん切り、マッシュルーム、
　パプリカ（赤・黄）…各50g
にんにくのみじん切り…2かけ分
白ワイン…100mL

A
　固形スープのもと…1個
　水…1/2カップ

オリーブオイル…大さじ2
レモン…1/2個

下準備

- マッシュルームはみじん切りにする
- パプリカは細切りにする
- レモンは半月切りにする
- 米は洗ってざるにあげ、水けをきる

作り方

❶ さばを焼く

塩さばはフライパンに入れこんがりとするまで焼く。あら熱がとれたら半量をほぐし、残りの半量は一口大に切る。

❷ 具を炒める

鍋にオリーブオイルを引き、にんにくを炒める。香りが立ったら玉ねぎとマッシュルームを入れてさらに炒め、透明になったらあさりと白ワインを加え、ふたをする。あさりの口が開いたら鍋からとり出す。

❸ 塩さばとパプリカを加える

Aと米、ほぐした塩さばを加え、ふつふつとしたらアルミホイルでふたをして15分炊く。火を止め、残りの塩さばとパプリカを加えてまぜ、余熱で火を通す。

❹ 仕上げる

器に盛り、とり出したあさり、レモンをのせる。あればセルフィーユをのせる。

ごとテク

ごはんを炊くときのだしとしてのさば、仕上がり用のさばの2種類に分けます。味がまわりやすいように、だし用はほぐして。

チキン炊き込みピラフ
食べるとオムライス風

炊き込んで鶏のブイヨン、野菜のうまみをしっかりまとった
チキンライスに、ふわふわスクランブルエッグをのせて。
スプーンの上にミニオムライスを作るもよし、まぜて食べるもよしです。お好みでどうぞ。

材料 − 2〜3人分

米…1カップ
鶏もも肉…80g
玉ねぎのみじん切り、
　　マッシュルーム…各50g
バター…15g
白ワイン…大さじ2

A
　固形スープのもと… 1/2個
　水…1カップ
　トマトケチャップ…大さじ2

スクランブルエッグ
　卵…2個
　牛乳…20mL
　塩…少々

下準備

● 鶏肉は一口大に切る

● マッシュルームは薄切りにする

● 米は洗ってざるにあげ、水けをきる

作り方

❶ 鶏肉を焼く

厚手の鍋にバターをとかし、鶏もも肉を入れて焼く。こんがりとしたら玉ねぎとマッシュルームを加えてさっと炒め、米を加える。

❷ チキンライスを炊く

白ワインを加えひとまぜし、アルコールを飛ばす。米と**A**を加え、ふたをして沸騰させる。ふつふつとしたら弱火にし、15分炊く。

❸ スクランブルエッグを
　　作ってのせる

ボウルに卵を割り入れて牛乳と塩を加える。よくまぜて卵液を作り、小鍋に入れる。弱火にかけながら、焦がさないようゆっくり火を通す。固まってきたら火を止める。❷にのせ、好みでトマトケチャップをかける。

ごとテク

なめらかなスクランブルエッグは、「弱火でじっくり」が鉄則。ある一定のポイントから一気に固まるので、要注意です。

ビーフガーリックピラフ

にんにくもバターもたっぷり！
極め付けはしょうゆで炒めた牛肉をのせるという
わんぱくなひと皿です。
材料を入れて炊くだけなので、
忙しい日の食事としてもおすすめです。

材料 – 2人分

牛こまぎれ肉…100g
バター…10g
にんにくのすりおろし、しょうゆ…各小さじ1

A

　米…1合
　にんにくのすりおろし、しょうがのすりおろし
　　…各小さじ1
　しょうゆ、みりん、酒…各大さじ1
　固形スープのもと…1個
　バター…10g
　水…180mL

パプリカパウダー、イタリアンパセリのみじん切り
　…各少々

作り方

❶ ガーリックライスを炊く

Aをすべて炊飯器の内がまに入れて30分以上浸水さ
せ、普通に炊く。

❷ 牛肉を炒める

フライパンにバターとにんにくを熱する。香りが立っ
たら牛肉を入れてさっと炒め、しょうゆを回しかける。

❸ 仕上げる

❶を器に盛って❷をのせ、パプリカパウダーを振って
イタリアンパセリを散らす。

┌─ ごとテク ─┐

材料を全部入れるだけ。浸
水させて米にある程度味を行
き渡らせて炊くのがポイント
です。

えびの
ビスクリゾット

アムールのシグネチャーでもある
人気の「オマール海老のビスク」を
リゾットにしました。
お店の味をご家庭でも手軽にと思い、
干しえびを使って短時間で
濃厚な味わいを作りました。
ぜひ休日の贅沢として
お楽しみください。

材料 − 2人分

有頭えび…6尾
干しえび…10g
トマトペースト…15g
白ワイン…2/3カップ
米…1/2合
にんにくのみじん切り…小さじ1/2
玉ねぎのみじん切り…大さじ2
日本酒…大さじ2

A
　固形スープのもと…1個
　水…1と1/4カップ

パルミジャーノ・レッジャーノ
　…大さじ1
シブレット（なければあさつき）の
　小口切り、あらびき黒こしょう
　…各少々
オリーブオイル…大さじ1と1/2

作り方

❶ えびの下処理をする

えびは頭、殻、身に分ける。身はあれば背わ
たをとって一口大に切る。

❷ ソースを作る

フライパンにオリーブオイル大さじ1を入れよく
熱し、えびの頭と殻、干しえびを入れ、木べら
でつぶしながらよく炒める。香ばしくなったらト
マトペーストを加えてさっと炒め、白ワインを加
えて汁けが1/3量程度になるまで煮る。ざるに
ボウルを重ねて、つぶしながらこす。

❸ 米を炒める

鍋にオリーブオイル大さじ1/2を入れてにんに
くを加え熱する。香りが立ったら玉ねぎを入れ
しんなりとするまで炒める。米を加えてさっと
炒め日本酒を加えて、アルコールを飛ばす。

❹ 仕上げる

別の鍋にAを入れて沸かし、❸に少しずつ加
え15分間炊く。❷とえびの身、チーズを加え
てまぜさっと火を通す。器に盛ってシブレット
を散らし、こしょうを振る。

ごとテク

えびの殻に干しえびをプ
ラスすることで、えびの風
味と濃度が短時間で深まり
ます。

材料 － 2～3人分

米…1/2合
パクチーの葉…15g
玉ねぎのみじん切り…大さじ2
にんにくのみじん切り
　　…小さじ1/2
日本酒…大さじ2
オリーブオイル…大さじ1/2

A
　固形スープのもと…1個
　水…1と1/4カップ
　白だし…大さじ1

B
　クリームチーズ…18g
　牛乳…1/4カップ
　パルミジャーノ・レッジャーノ
　　…大さじ2

C
　レモン汁…小さじ1/2
　あらびき黒こしょう…少々

作り方

❶ 米を炒める

鍋にオリーブオイルを入れて、にんにくを熱する。香りが立ったら玉ねぎを入れて炒める。しんなりとしたら米を加えてさっと炒め、酒を加えてアルコールを飛ばす。

❷ リゾットを作る

別の鍋に**A**をすべて入れて熱し、ふつふつとしたら火を止める。❶に少しずつ加えてそのつどまぜながら15分炊く。**B**を加え、全体にまざったら器に盛る。

❸ パクチーをのせて仕上げる

ボウルにパクチーを入れ、**C**を加えてあえる。リゾットにのせる。あればパルミジャーノ・レッジャーノを散らす。

> ごとテク

パクチーは多いほどおいしいです。好みで量を増やしても大丈夫です。

パクチーと
チーズのリゾット

パクチー好きの僕が
おすすめしたいリゾット。
パルミジャーノ・レッジャーノたっぷりの
チーズリゾットに、
レモン汁とブラックペッパーとともにあえた
パクチーをこれでもかとのせます。
好きな方はもっと追いパクチーしても
いいくらいです！

デザート

Dessert

アムールには専門のパティシエがいません。
だからデザートも自ら考えてお出ししています。

作ってすぐに出せることもあり、
僕のレシピはいわば「生スイーツ」。

なめらかなクリームをメインで味わう
レシピがあったり、
ふるっとほどける絶妙な食感のゼリー、
卵白でふんわり仕上げるムースなど
その場で楽しむならではのレシピをご紹介します。

おうちに人が集まるときや、
ご自分へのご褒美にぜひ。

ごとテク

クレームシャンティイは少しず
つチーズと合わせましょう。ク
リームの一体感が生まれます。

ベリーとマスカルポーネの
なめらかクリーム

「クリームを楽しむ」デザートです。
マスカルポーネチーズにクレームシャンティイを
合わせることで、かろやかなクリームに。
好みのベリーをのせてお召し上がりください。

材料 – 作りやすい分量

マスカルポーネチーズ…150g
生クリーム（乳脂肪分42％）…50g
砂糖…7g
ラズベリー、ブルーベリー、粉糖…各適量

下準備

● マスカルポーネチーズは室温にもどす

作り方

❶ クレームシャンティイを作る
ボウルに生クリームを入れ、砂糖を加える。
泡立て器でつんと角が立つ程度までまぜる。

❷ マスカルポーネとまぜる
別のボウルにマスカルポーネを入れ、❶を
1/3量ずつ加えてつどさっくりとまぜる。

❸ 盛りつける
器に❷をふわっと盛り、ラズベリー、ブルー
ベリーを添える。粉糖をふるいながらかける。

パインとマンゴー、パッションフルーツの 白ワインゼリー

ふわっと上品にワインが香る大人のデザートです。ふるふるな食感に、フルーツのチャンク、
パッションフルーツのつぶつぶが楽しい。フルーツは季節でかえてもかまいません。

材料 − 作りやすい分量

白ワイン…1カップ
グラニュー糖…1/2カップ
板ゼラチン…4g
レモン汁…小さじ2
マンゴー、パイナップル、
　パッションフルーツ…各適量

下準備

● ゼラチンはたっぷりの水につ
　けてもどす
● マンゴーとパイナップルは食
　べやすい大きさに切る。パッ
　ションフルーツは半分にし、
　スプーンで中身をかき出す

作り方

❶ ゼリーのベースを作る

小鍋に白ワインを入れて沸騰させ、アルコー
ルを飛ばす。グラニュー糖と水1カップを加
えてひと煮立ちさせる。

❷ 固める

❶にゼラチンとレモン汁を加えてまぜる。ゼ
ラチンがとけてあら熱がとれたらバットなどに
移し、ラップをかけて冷蔵室で冷やし固める。

❸ 盛りつける

冷蔵室からとり出してラップをはずし、スプー
ンなどでくずして器に盛る。マンゴー、パイ
ナップル、パッションフルーツを盛る。

> ### ごとテク
>
> ぜひこのレシピは板ゼラチ
> ンを！　なめらかな舌ざわ
> りにしてくれます。

材料 − 2個分

春巻きの皮…1と1/2枚
いちご…8個
オリーブオイル…少々

クレームパティシエール

卵黄…3個
グラニュー糖…65g
小麦粉…25g
牛乳…250mL

クレームシャンティイ

生クリーム（乳脂肪分42%）…100g
砂糖…14g

市販のいちごソース、
　ピスタチオ、粉糖…各適量

下準備

● クレームシャンティイはp.89「ベ
　リーとマスカルポーネのなめらか
　クリーム」を参照し、同様に作る
● いちごは4等分にする
● 春巻きの皮は1枚を4等分にし、
　1/2枚は半分にする
● オーブンは170度に予熱する
● 天板にクッキングシートを敷く

作り方

**❶ クレーム
　　パティシエールの
　　もとをまぜる**

ボウルに卵黄、グラニュー糖を入
れ、白っぽくなるまで泡立て器で
まぜる。小麦粉をふるいながら加
え、さっくりとまぜる。

❷ クリームにし、冷やす

鍋に牛乳を入れて沸かし、❶に加
えてまぜる。すべてを鍋に戻し入
れ、まぜながらとろみがつくまで弱
火で加熱する。耐熱のバットなど
に流し入れてぴっちりとラップをし、
冷蔵室で急冷する。

❸ 春巻きの皮を焼く

春巻きの皮を天板にのせ、それぞ
れオリーブオイルをハケで薄く塗り、
粉糖をかるくかける。オーブンに
入れて10分ほど焼く。とり出して
あら熱をとる。

❹ 仕上げる

❷を冷蔵室から250g分をとり出し
やわらかくもどしてクレームシャンティ
イとまぜる。器に❸の1枚をおき、
クリーム、いちごの順にのせる。
同様に繰り返し、皮をもう一枚の
せていちごソースをかける。粉糖
をふるいながらかけ、ピスタチオ
を削る。

飾らないミルフィーユ

カスタードにゼラチンを入れないぶん、
ゆるりとなめらかなカスタードクリームに。
おうちで食べるミルフィーユだから盛りつけもラフでかまいません。

┌─ ごとテク ─┐

おうちで余った春巻きの皮は
こうしてデザートにも。パイ生
地よりも下処理が簡単です。

僕のプリン

卵多め、ほどよくなめらかな僕にとって
理想的な食感のプリンができました。
ほろりと苦いカラメルとは相性抜群です。

材料 − 19×8.5×6cmのパウンド型×1台分

卵黄…5個	A
全卵…2個	グラニュー糖
グラニュー糖…120g	…80g
牛乳…1と1/2カップ	水…大さじ1

下準備

● オーブンは150度に予熱する

作り方

❶ カラメルを作る

鍋にAを入れ、火にかける。さわらずに黄金
色になりはじめたら、好みの色合いになるま
で鍋をゆすって水大さじ1/2を加えて色止めす
る。型に流し入れる。

❷ 生地を作る

ボウルに卵黄、全卵、グラニュー糖を入れて
白っぽくなるまで泡立て器でまぜる。

❸ 生地を型に流し入れる

小鍋に牛乳を沸かして❷に加え、よくまぜる。
別のボウルにざるを重ね、生地を注ぎ入れて
裏ごしし、❶の型に流し入れて表面の泡をス
プーンでとり除きアルミホイルでふたをする。

❹ 湯煎焼きにする

天板の高さの八分目まで湯をはり、❸をのせ、
オーブンに入れて約30分ほど焼く。とり出し
てあら熱がとれたら冷蔵室で冷やす。型とプ
リンの間に包丁を入れひっくり返し器にとり出
す。

┌ ごとテク ┐

卵黄をたっぷり5つも
使います。これこそ
が濃厚な味わいを生
み出すポイントです。

材料 – 大きめのグラタン皿×1台分

アメリカンチェリー缶（缶汁はきる）
　…200g
卵黄…3個
グラニュー糖…85g
小麦粉…30g
生クリーム（乳脂肪分42%）…250mL
アーモンドスライス…適量

作り方

❶ 卵黄と砂糖をまぜる

オーブンは190度に予熱する。ボ
ウルに卵黄とグラニュー糖を入れ、
白っぽくなるまで泡立て器でよくま
ぜる。

❷ 生地を作る

小麦粉をふるいながら加えてさっ
くりとまぜる。小鍋に生クリームを
入れて温め、ふつふつとしたら加
えてさらにまぜる。

❸ 裏ごしして焼く

グラタン皿にバター適量（分量外）
を塗り、アメリカンチェリーを入れ、
❷をざるでこしながら注ぎ入れる。
アーモンドを散らし、オーブンで
15〜20分焼く。

チェリー・クラフティ

フランスではおなじみの温かいスイーツ。
生クリームをたっぷり使ったアパレイユに、
甘酸っぱいチェリーを存分に入れました。

┌─── ごとテク ───┐

目の細かいざるでこすこと
で、なめらかな生地に仕上
がります。このひと手間を惜
しまずやってみてください。

ムース・オ・ショコラ・クラシック

卵白でふんわりと固めるチョコレートムース。
口に入れたとたん、芳醇(ほうじゅん)なチョコレートの香りと
ほどける食感のとりこになっていただけるはずです。

材料 − 作りやすい分量

卵黄…3個
ビターチョコレート…125g
バター…12g
卵白…3個分
好みのナッツ…適量

作り方

❶ チョコレートをとかす

耐熱のボウルにチョコレートとバター
を入れ、湯煎にかけてとかす。

❷ メレンゲを作り、卵黄、チョコレートと合わせる

別のボウルに卵白を入れて角が立つ
まで泡立て器でまぜる。卵黄を2回に
分けて加え、ゴムべらでふんわりとま
ぜる。❶に3回に分けて加え、泡を
つぶさないようにそのつどさっくりとま
ぜる。

❸ 冷やす

ボウルなどに移し、ラップをして冷蔵
室で冷やし固める。器に盛り、ナッツ
を散らす。

ごとテク

ふんわりとした口当たりを
守るため、メレンゲはつぶ
さないように。ふんわり、さっ
くりとまぜるようにしてくださ
い。

著者 後藤祐輔

1979年5月25日生まれ。東京都出身。『ミシュランガイド東京・横浜・湘南2013』以降、7年連続で一つ星を獲得。辻調グループ・フランス料理専門カレッジに入学後、辻調グループ・フランス校に進学。卒業後、ストラスブール『オ・クロコディル』（当時3つ星）にて腕を磨く。帰国し、銀座『レカン』にて4年間、十時亨シェフに師事したのち再渡仏。数々の星つきレストランでの修業を経て、2012年『アムール』を開店。エグゼクティブシェフに就任（当時西麻布、現在は恵比寿に移転）。2016年にはシャンパーニュ騎士団より「シュバリエ・ドヌール」の称号を授与される。明るく親しみやすい人柄と、食に対する家庭的な観点で、テレビや2021年に開設した自身のYouTubeチャンネル「ごとちゃんねる」でも活躍中。

後藤祐輔 インスタグラム @chef.yusukegoto
アムール インスタグラム　@amourtokyo

ひと ぼし
一つ星フレンチ「アムール」が教える

ふだん着フレンチ

2024年10月31日　第1刷発行

著　者　後藤祐輔（ごとうゆうすけ）
発行者　大宮敏靖
発行所　株式会社 主婦の友社
　　　　〒141-0021
　　　　東京都品川区上大崎3-1-1 目黒セントラルスクエア
　　　　電話　03-5280-7537（内容・不良品等のお問い合わせ）
　　　　　　　049-259-1236（販売）
印刷所　株式会社広済堂ネクスト

STAFF

デザイン	ナラエイコデザイン
撮影	佐山裕子（主婦の友社）
スタイリング	しのざきたかこ
現場アシスタント	松井七海（アムール）
DTP制作	天満咲江（主婦の友社）
編集・構成・文	山田萌絵
編集デスク	町野慶美（主婦の友社）
協力	ユニロイ
	ティファール
	マイクロプレイン